Der Deutsche Corporate Governance Kodex und Anreizsysteme am Beispiel der Wirecard AG

Sören Wenzel

Bibliografische Information der Deutschen Nationalbibliothek:

Die Deutsche Nationalbibliothek verzeichnet diese Publikation in der Deutschen Nationalbibliografie; detaillierte bibliografische Daten sind im Internet über http://dnb.d-nb.de abrufbar.

ISBN: 9783346262059
Dieses Buch ist auch als E-Book erhältlich.

Druck und Bindung: Books on Demand GmbH, Norderstedt Germany
Gedruckt auf säurefreiem Papier aus verantwortungsvollen Quellen

Das vorliegende Werk wurde sorgfältig erarbeitet. Dennoch übernehmen Autoren und Verlag für die Richtigkeit von Angaben, Hinweisen, Links und Ratschlägen sowie eventuelle Druckfehler keine Haftung.

Das Buch bei GRIN: https://www.grin.com/document/933864

Seminararbeit

Unternehmensführung und Corporate Governance
Im Fokus: Anreizsysteme und der
Deutsche Corporate Governance Kodex

Sören Wenzel

9. Juni 2020

Inhaltsverzeichnis

Abkürzungsverzeichnis

AktG	Aktiengesetz
DCGK	Deutscher Corporate Governance Kodex
EBIT	Earnings Before Interest and Taxes
EBITDA	Earnings Before Interest, Taxes, Depreciation and Amortization
EU	Europäische Union
EVV	Einjährige variable Vergütung
MVV	Mehrjährige variable Vergütung.
ROCE	Return on Capital Employed
TSR	Total Shareholder Return
u. v. m.	und vieles mehr
z. B.	zum Beispiel

1 Einleitung

In den letzten Jahren sind Diskussion über die ordnungsgemäße Führung und Überwachung von Unternehmen im In- und Ausland von beispielloser Bedeutung geworden. Die Globalisierung der Wirtschaft und die Liberalisierung der Kapitalmärkte gaben Impulse für eine Diskussion über effektive und transparente Formen der Unternehmensführung, da im Verlauf der Finanz- und Wirtschaftskrise bisherige Governance Methoden in Frage gestellt worden sind (von Werder 2018).

Ganz oben auf der Agenda muss nach wie vor das Thema Vorstandsvergütung stehen. Die Vergütung der Vorstände ist in den letzten Jahren kräftig gestiegen. Die Transparenz über die Gehälter der Vorstände wird immer größer, gleichzeitig aber steigt die Differenz zwischen den Einkommen der Top-Manager, dem Einkommen der Arbeiter und dem der Kleinaktionäre von Kapitalgesellschaften (Hexel 2006, S. 3).

Aus diesem Grund ist der Zweck dieser Arbeit, den Zusammenhang zwischen Corporate Governance und der Vergütung des Vorstands auf Basis wissenschaftlicher Literatur zu diskutieren. Insbesondere stehen dabei folgende Fragestellungen im Vordergrund der Seminararbeit:

- Wie können Interessenkonvergenzen zwischen Vorstand und Eigentümern hergestellt werden?
- Kann mit Hilfe von aktienkursorientierter Vergütung ein Anreiz geschaffen werden und wie sollte man ein solches Anreizsystem gestalten?
- Welche Anforderung und Bestandteile bestehen an ein Anreizsystem?
- Wie kann ein Vergütungssystem bewertet werden?

Die Arbeit gliedert sich in drei Teile. Der erste Abschnitt befasst sich mit Corporate Governance und der Prinzipal-Agenten-Theorie, die den theoretischen Bezugsrahmen dieser Arbeit stellt. Nach Definition und Abgrenzung des Corporate Governance Begriffs wird auf den Deutschen Corporate Governance Kodex eingegangen, insbesondere auf seine Rechtsnatur, seinen Beitrag zu der Vergütung des Vorstands und der Gestaltung von Vergütungssystemen.

Der zweite Teil behandelt Anreiz- und Vergütungssysteme. Nachdem Anforderungen und Bestandteile erläutert werden, widmet sich die Arbeit insbesondere der Bewertung von aktienkursorientierten Vergütungssystemen, sowie speziell deren Anreizfunktion. Auch Gefahren, Schwächen und Lösungen werden erläutert. Am Ende des zweiten Abschnittes werden Aktienoptionen als spezielles Instrument näher charakterisiert.

Der dritte Abschnitt behandelt ein Praxisbeispiel, in dem die aus der Arbeit gewonnenen Kenntnisse auf ein Beispiel der Realität angewendet werden und diese anhand des Vergütungssystems noch einmal dargestellt werden. Zudem wird der Bezug zum Deutsche Corporate Governance Kodex hergestellt.

Das letzte Kapitel schließt mit einer Zusammenfassung der gewonnenen Kenntnisse und gibt einen Ausblick auf offene Fragestellungen.

2 Grundlagen der Corporate Governance

2.1 Definition und Abgrenzung eines Corporate Governance Verständnisses

Bis zum heutigen Tag gibt es keine einheitliche Theorie zur Beschreibung und Erklärung der Corporate Governance Problematik. Im Gegenteil, die Corporate Governance Problematik wird aus Sicht sehr unterschiedlicher Disziplinen theoretisch empirisch begründet und erforscht. Besonders hervorzuheben sind die neue institutionelle Ökonomie, Recht, Rechnungswesen, Management, Organizational Behaviour, Soziologie, Politikwissenschaften und Philosophie. Jede dieser Theorien erklärt einen Ausschnitt des Corporate Governance Phänomens, aber umfassend das gesamte Spektrum der Akteure, ihrer Beziehungen und Handlungen zu beschreiben und zu erklären, ist keine in der Lage (Welge & Eulerich 2014, S. 9-38).

In den letzten zwei Jahrzehnten hat die Intensität der Corporate Governance Diskussion zu vielen Themen deutlich zugenommen, obwohl sich bis heute noch kein einheitlicher, wissenschaftlich verwendeter Begriff der Corporate Governance herausgebildet hat. Zum Beispiel umfasste die Corporate Governance Diskussion eine Reihe von wirtschaftlichen und rechtlichen Begriffen. Die Autoren verwendeten unterschiedliche Auffassungen von Begriffen und Unterscheidungen, die auf den Zielen einzelner Beiträge beruhten (Schmidt 2012, S. 8). Nach Schmidt (2012, S. 8f.) bestehe kein Zweifel daran, dass sich Corporate Governance mit den Rahmenbedingungen der Unternehmensführung und Unternehmensüberwachung befasst, um die Interessen einer oder mehrerer Gruppen im Unternehmen zu schützen.

Auch Kreipl (2020) schreibt zusammenfassend, dass sich Corporate Governance damit auseinandersetzt, dass richtige Entscheidungen in Unternehmen getroffen werden. Dabei steht die Führung des Unternehmens im Fokus, denn ein wirtschaftlich erfolgreiches Unternehmen sei das Produkt guter Führung.

Nach Monks & Minow (2001) ist Corporate Governance die Beziehung zwischen verschiedenen Teilnehmern, die die Entwicklungsrichtung und -leistung des Unternehmens bestimmen. Die wichtigsten Teilnehmer sind die Aktionäre, das Management und der Aufsichtsrat.

An dieser Stelle sollte daher nicht der Versuch unternommen werden das ganze Theoriespektrum darzustellen. In erster Linie wird sich im Rahmen dieser Hausarbeit auf das Prinzipal-Agenten-Problem, das im nächsten Kapitel erläutert wird, und die aktienkursorientierte Vergütung, die im weiteren Verlauf dieser Arbeit vertieft wird, eingegangen.

2.2 Prinzipal-Agenten-Theorie als theoretischer Bezugsrahmen

Grundannahmen und Probleme der Prinzipal-Agenten-Theorie, auch Agency-Theorie, sind die asymmetrische Verteilung von Informationen zwischen Agenten und Prinzipal, die Maximierung des persönlichen Nutzens und das Gefühl des Arbeitsdrucks von Agenten (Lazar 2007,

S. 10-12). Charakteristisch für die Agency-Beziehung ist außerdem das daraus entstehende Opportunismus Problem (Paul Wentges 2002, S. 30).

Jensen und Meckling (1976, S. 308) definieren die Agency-Beziehung als einen Vertrag, bei dem eine oder mehrere Personen (die Auftraggeber) eine andere Person (den Agenten) beauftragen, in ihrem Namen Dienstleistungen zu erbringen. Dies beinhaltet die Übertragung bestimmter Entscheidungsbefugnisse an den Agenten.

Wenn beide Parteien der Beziehung Nutzenmaximierer sind, gibt es guten Grund zu der Annahme, dass der Vertreter nicht immer im besten Interesse des Auftraggebers handeln wird. Der Auftraggeber kann Abweichungen von seinen Interessen begrenzen, indem er geeignete Anreize für den Agenten schafft und indem Überwachungskosten entstehen, die dazu dienen, die abweichenden Aktivitäten des Agenten zu begrenzen. Darüber hinaus wird er den Vertreter in einigen Situationen dafür bezahlen, dass er Ressourcen aufwendet, um zu gewährleisten, dass er bestimmte Maßnahmen, die dem Auftraggeber schaden würden, nicht ergreifen wird oder um sicherzustellen, dass der Auftraggeber entschädigt wird, wenn er solche Maßnahmen ergreift. Es ist jedoch für den Auftraggeber generell unmöglich, zum Nulltarif sicherzustellen, dass der Agent aus Sicht des Auftraggebers optimale Entscheidungen trifft. Bei den meisten Agency-Beziehung werden dem Auftraggeber und dem Agenten positive Überwachungs- und Kalkulationskosten (sowohl nicht monetäre als auch finanzieller Art) entstehen. Darüber hinaus wird es eine gewisse Divergenz zwischen den Entscheidungen des Agenten und jede Entscheidung geben, die das Wohlergehen des Auftraggebers maximieren würden (Jensen & Meckling 1976, S. 308).

Die Absicht des Prinzipals besteht darin den Agenten, der im Grunde genommen seinen eigenen Nutzen maximiert, zu einem für den Prinzipal vorteilhaften Verhalten zu motivieren. (Paul Wentges 2002, S. 30).

Der Agent wählt eine Alternative aus vielen möglichen Optionen aus. Zusätzlich zu den oben genannten Auswirkungen auf das Wohl des Prinzipals bestimmt der Agent auch sein eigenes, da der Prinzipal für die Bestimmungen der vertraglichen Elemente zwischen den Parteien verantwortlich ist. Dazu kommt, dass sich die Ziele von Agenten und Prinzipal faktisch voneinander unterscheiden (Arrow 1985).

2.3 Der Deutsche Corporate Governance Kodex

Innerhalb einer Aktiengesellschaft ist der Aufsichtsrat für die Überwachung und Kontrolle der Geschäfte und der Leitung des Vorstands zuständig. Dem Aufsichtsrat werden jedoch häufig Abhängigkeit und Interessenskonflikte vorgeworfen. Diese Kritik veranlasste Regierungsverantwortliche und Gesetzgeber dazu, zur Beseitigung von Missständen in der Wirtschaft beizutragen. Das Ergebnis ist wohlbekannt als Deutscher Corporate Governance Kodex (DCGK). Auf den ersten Blick ist der DCGK eine reine Ansammlung von Empfehlung von einer Regierungskommission. Unter Berücksichtigung des rechtlichen Charakters und der mangelnden Verbindlichkeit, beides Aspekte, die im Folgenden erörtert werden, stellt sich die Frage nach der praktischen Bedeutung des Kodex. Es ist fast zweifelhaft, inwieweit politisch gut gemeinte

Ratschläge zu verantwortlichen Entscheidungsträgern in Unternehmen durchdringen und von diesen gehört werden sollen (Müller-Michaels 2011, S. 59).

2.3.1 Die Entstehung des Deutschen Corporate Governance Kodex

Als Vorbild für den DCGK diente der Britische „Combined Code", der seine Ursprünge in den neunziger Jahren hat. Gerhard Schröder hat im Mai 2000 die „Baums-Kommission" dafür beauftragt. Diese empfahl im Juli 2001 mit Hilfe eines eigenen Corporate Governance Kodex, die Defizite des deutschen Systems der Unternehmensführung und -kontrolle zu beseitigen (Müller-Michaels 2011, S. 60).

Die erste Ausgabe des DCGK wurde am 26. Februar 2002 fertiggestellt und unterlag schon vielen Änderungen. Die erste Veröffentlichung erfolgte allerdings erst am 20. August im offiziellen Teil des elektronischen Bundesanzeigers. Seit Einführung des Artikels 161 des Aktiengesetzbuchs (AktG) müssen alle Kodex Änderungen im elektronischen Bundesanzeiger veröffentlicht werden (Müller-Michaels 2011, S. 60).

Der deutsche Corporate Governance Kodex hat nicht nur in Europa, sondern auch in fast allen Ländern mit börsennotierten Unternehmen Befürworter gefunden. Aufgrund der hohen Anzahl der entstandenen Kodizes in Europa, wurde eine Vereinheitlichung gefordert, mit Hilfe einer europäischen Version eines Corporate Governance Kodex. Dies scheiterte aber an den unterschiedlichen Leitungssystemen der Länder. Daher überwacht und koordiniert die Europäische Kommission jetzt allein die nationalen Vorschriften (Müller-Michaels 2011, S. 60).

2.3.2 Rechtsnatur, Bestimmungen und Ziele

Die Änderungen des Kodex werden von der Regierungskommission erarbeitet, dabei durchlaufen sie kein parlamentarisches Verfahren. Deshalb hat er keine rechtliche Wirkung und ist daher nicht bindend (Hölters 2011, §161 AktG).

Er ist nur eine unverbindliche Empfehlung. Allerdings verweist §161 AktG auf den Kodex und verpflichtet als parlamentarisches Gesetz zur Abgabe einer Entsprechenserklärung mit dem Kodex. Es ist nicht neu, dass sich eine Norm mit rechtlicher Bindung auf eine unverbindliche Regelung bezieht. Es entsteht eine indirekte Bindungswirkung, da auf diese Weise durch das Gesetz eine Pflicht zur Befolgung von nicht gesetzlichen Bestimmungen auferlegt werden kann (Müller-Michaels 2011, S. 61).

Im Aktiengesetz §161 ist das Zusammenspiel mit dem DCGK allerdings etwas anders. Hier wird ein „comply-or-explain" Konzept umgesetzt. Eine Verpflichtung den Empfehlungen des Kodex zu folgen besteht nicht. Unternehmen sind lediglich dazu verpflichtet zu erklären, ob sie den Empfehlungen folgen. Falls sie den Empfehlungen nicht folgen, muss der Grund für die Abweichung erklärt werden. Dies soll dazu beitragen Besonderheiten einzelner Branchen zu berücksichtigen und Freiheit zu geben.

Die Bestimmungen des DCGK lassen sich in drei Kategorien einteilen:

1. In die erste Kategorie fallen alle Bestimmungen, auch Grundsätze, die geltendes Recht oder Auslegungen widerspiegeln. Der Kodex kann aufgrund seiner Rechtsnatur keine Verpflichtungen auferlegen diese Bestimmungen zu befolgen, dies geschieht allein durch die entsprechenden Gesetze.
2. Die zweite Kategorie bildet das Kernstück des Kodex, denn jede Abweichung bedarf einer Begründung. Die Empfehlungen werden durch „soll" gekennzeichnet.
3. In der letzten Kategorie finden sich Anregungen. Bei einer Abweichung bedarf es keiner Erklärung. Diese Anregungen werden durch „sollte" oder „kann" benannt (Müller-Michaels 2011, S. 61f.).

2.3.3 Aktuelle Empfehlungen und Anregungen zum Vorstand und der Vergütung im DCGK

Die Empfehlungen und Anregungen in Bezug auf den Vorstand und dessen Vergütung finden sich in zwei Abschnitten wieder. Zum einen in Abschnitt B, der Besetzung des Vorstands. Zum anderen in Abschnitt G, die Vergütung von Vorstand und Aufsichtsrat.

Empfehlungen, die zum Beispiel bei der Besetzung des Vorstandes genannt werden, sind unter anderem, dass der Aufsichtsrat bei der Besetzung des Vorstandes auf Diversität achten soll. Zum anderen soll eine Erstbestellung von Vorstandsmitgliedern für längstens drei Jahre erfolgen, es soll für Vorstandsmitglieder eine Altersgrenze festgelegt und in der Erklärung zur Unternehmensführung angegeben werden (Regierungskommission 2019, S. 6).

Der Grundsatz für die Vergütung des Vorstandes besagt, dass der Aufsichtsrat ein klares und verständliches System zur Vergütung der Vorstandsmitglieder beschließt und auf dessen Basis die konkrete Vergütung der einzelnen Vorstandsmitglieder bestimmt. Die Hauptversammlung beschließt grundsätzlich mit beratendem Charakter über die Billigung des vom Aufsichtsrat vorgelegten Vergütungssystems, sowie mit empfehlendem Charakter über die Billigung des Vergütungsberichts für das vorausgegangene Geschäftsjahr. Die Vergütungsstruktur ist bei börsennotierten Gesellschaften auf eine nachhaltige und langfristige Entwicklung der Gesellschaft auszurichten. Die Vergütung des Vorstands soll zur Förderung der Geschäftsstrategien und der langfristigen Entwicklung der Gesellschaft beizutragen (Regierungskommission 2019, S. 15).

Weiter im DCGK werden auch Empfehlungen zur Gestaltung der Vergütungssysteme beschrieben. Darunter fällt die Festlegung des Vergütungssystems, die Festlegung der konkreten Gesamtvergütung und die Höhe der variablen Vergütungsbestandteile. Ferner werden auch Empfehlungen gegeben, was bei vorzeitiger Vertragsbeendigung passieren soll.

Empfehlungen über die Höhe der variablen Vergütungsbestandteile sind unter anderem, dass die langfristig orientierten Ziele den Anteil aus kurzfristig orientierten Zielen übersteigen sollen. Unter anderem soll eine nachträgliche Änderung der Zielwerte oder Vergleichsparameter ausgeschlossen sein. Die dem Vorstandsmitglied gewährten variablen Vergütungsbeträge sollen unter Berücksichtigung der jeweiligen Steuerlast überwiegend in Aktien der Gesellschaft angelegt oder entsprechend aktienbasiert gewährt werden. Über die langfristig variablen Gewährungsbeträge soll das Vorstandsmitglied erst nach vier Jahren verfügen können (Regierungskommission 2019, S. 16).

3 Anreizsysteme in der Vorstandsvergütung

Im Allgemeinen wird bezüglich der monetären Vergütungsbestandteile zwischen drei Komponenten unterscheiden: dem Fixum, den variablen, jährlichen Bonus und dem langfristigen Bestandteil. Das Fixum beinhaltet das Grundgehalt und häufig andere Geldleistungen oder Zusatzleistungen (z. B. Telekommunikationsmittel, Versicherungsbeiträge u. v. m.). Der Bonus ist definiert als variable Gegenleistung, die dem Management zur Erreichung bestimmter Ziele gezahlt wird. Diese Ziele beziehen sich im Allgemeinen auf buchhalterische Indikatoren (z. B Nettoergebnis, EBIT, ROCE) oder individuelle Indikatoren (z. B. Einführung neuer Produkte oder Projektabschluss). Es gibt verschiedene langfristige Bestandteile. Beispiele sind Aktien des Unternehmens oder Optionen auf das Unternehmen, wie virtuelle Optionen oder Aktienoptionen. Grundsätzlich handelt es sich um variable und an dem Aktienkurs bemessenen Komponenten, deren Struktur in der Regel auf Aktien- oder Optionslogik basiert (Rapp & Wolff 2020, S. 4).

Um das in Kapitel 2.1.2 dargestellte Opportunismus Problem möglichst schon an der Wurzel zu beseitigen, wurden aktienbasierte Vergütungssysteme für das Top-Management eingeführt. Orientiert sich der variable Bestandteil des Top-Managements letztlich am Aktienkurs des Unternehmens, so wird eine Interessensharmonisierung zwischen dem Vorstand und den Eigentümern unterstellt. Vergütungsanalysen zeigen jedoch immer wieder, dass jedenfalls von einer flächendeckenden Verwirklichung eines wirksamen Pay-for-Performance[1] Ansatzes keine Rede sein kann (Grundei & Talaulicar 2015, S. 131).

3.1 Ansprüche und Bestandteile von Anreizsystemen

Anreiz- und Kontrollsysteme sind wesentliche Werkzeuge zur Entscheidungssteuerung. Aufgrund der Informationsasymmetrien können nur die Ergebnisse kontrolliert werden. Kontrollen und Sanktionen erzwingen nur die Einhaltung, sodass falsche Entscheidungen vermieden werden können, aber sie bieten keine positiven Anreize. Stattdessen können sie zu hohen Kosten führen. Da im Sinne des Prinzipals gehandelt werden soll, müssen positive Leistungsanreize geschaffen werden, die das Verhalten des Agenten auf das unternehmerische Ziel richten (Laux 2006a, S.13-24).

Nach Ewert und Wagenhofer (2014, S. 396-399) bestehen Anreizsysteme aus der Entlohnungsart, dem Performancemaß und der Entlohnungsfunktion. Die Entlohnungsart wird durch

---

[1] Vergütungsbestandteile, die von einer bestimmten Leistung abhängig sind, werden auch als Pay-for-Performance bezeichnet (Grundei & Talaulicar 2015, S. 132).

die Art der Anreize definiert, welche dem Manager gewährt werden (sowohl materielle als auch immaterielle Belohnungen sind möglich). Das Performancemaß bestimmt die Bemessungsgrundlage, an welcher die Arbeit des Managers gemessen wird. Die Entlohnungsfunktion gestaltet den Zusammenhang zwischen der Bemessungsgrundlage und der Entlohnungsart.

Folgende acht Beurteilungskriterien definiert Laux (2006a, S. 27-33) für Anreizsysteme:

1. **Intersubjektive Überprüfbarkeit**: Dies ist besonders für die Bemessungsgrundlage relevant und fordert, dass es Agenten, Prinzipal und auch Dritten möglich sein muss, die Komponenten des Anreizsystems zu kontrollieren.

2. Der Grundsatz der **Anreizkompatibilität** bedeutet, dass der Agent nur dann einen Vorteil erhält, wenn er so handelt, dass der Prinzipal auch einen Vorteil hat.

3. Eine **Pareto-effiziente Risikoteilung** wird erreicht, wenn aufgrund einer Umverteilung der Erfolge beide Parteien einen Vorteil erlangen und die andere Partei nicht schlechter gestellt wird.

4. Das Kriterium **Pareto-effiziente zeitliche Teilung** erfordert, dass Erfolge effektiv zwischen zwei (oder mehreren) Parteien aufgeteilt werden.

5. Die Forderung nach der **Angemessenheit der Vergütung** bedeutet, dass die Agenten die Anreizsysteme als „fair" oder „angebracht" betrachten.

6. Die **Stabilität** setzt voraus, dass Anreizsysteme, nachdem sie einmal gewählt worden sind, unverändert bleiben.

7. Auch **Einfachheit** ist in Bezug auf Anreizsysteme wichtig, da dadurch eine höhere Akzeptanz erreicht wird.

8. Das Kriterium der **Effizienz** erfordert, dass der Nutzen des Anreizsystems größer ist als seine Kosten.

Die hier genannten Ansprüche und Bestandteile sind nicht vollends abschließend. Sie stellen einen guten Rahmen dar, um Anreizsysteme zu bewerten. Im folgenden Kapitel wird noch detaillierter auf die Bewertung variabler und vor allem aktienkursorientierter Vergütungssysteme eingegangen werden, damit diese Faktoren herangezogen werden können, um im letzten Kapitel das Vergütungssystem der Wirecard AG anhand dieser Kriterien zu bewerten.

3.2 Bewertung variabler und aktienkursorientierter Vergütungssysteme

Variable Vergütungssystem werden im Wesentlichen durch vier Ausgestaltungsparameter definiert. Zum einen durch die Wahl der **Erfolgsziele**, darunter fällt die Auswahl der Kennzahlen, an die die Auszahlung des Bonus geknüpft ist. Zweitens die Wahl des **Performance Standards**, der zeigt wie eine Erreichung von hundert Prozent definiert wird. Drittens die Ausgestaltung der **Auszahlungskurve**, die zeigt, wie der Zielerreichungsgrad und die Auszahlung zusammenhängen. Sie definiert die Festlegung von Hürden und Schwellenwerten für eine minimale und maximale Auszahlung. Viertes Bewertungskriterium ist die Berücksichtigung der **individuellen Leistung**. Dort stellt sich die Frage, wie diese gemessen und dargestellt werden kann, sowie die Festlegung eines individuellen Leistungsmultiplikators für einen individuellen Bonus (Wolff 2019, S. 258).

Die Wahl der Erfolgsziele lässt sich in zwei Kategorien gliedern: finanzielle und nicht finanzielle Ziele. Unter die finanziellen Ziele fallen sowohl interne als auch externe Zielgrößen. Zu den internen Zielgrößen zählen beispielsweise Buchhaltungs- und Planungsgrößen, wie zum Beispiel Wachstums- (z. B. Umsatz), Profitabilitäts- (z. B. Jahresüberschuss) oder Effizienzgrößen (z. B. Free Cash Flow). Externe Zielgrößen sind kapitalmarktorientierte Zielgrößen, wie beispielsweise die Aktienrendite oder der Aktienkurs. Zu den nicht finanziellen Zielen zählen individuelle und Stakeholder Ziele. Individuelle Ziele sind qualitative Größen, die von Vorstand zu Vorstand variieren. Stakeholder Zielen werden als qualitative Größen definiert, die auf verschiedene Interessensgruppen abzielen. Zum Beispiel die Zufriedenheit der Kunden, der Mitarbeiter oder die Fluktuation der Mitarbeiter (Wolff 2019, S. 259).

Die Marktpraxis zeigt, dass die Mehrheit der Unternehmen für die Bemessung, der Leistung des Vorstands, eine Kombination mehrerer finanzieller Ziele verwendet. Dabei werden vor allem Gewinngrößen unterschiedlicher Ausprägung mit Renditegrößen kombiniert (Wolff 2019, S. 260).

Um diese zu bewerten wird die Ausgewogenheit der Ziele untersucht und bewertet, ob die Kennzahl basierend auf den Zielen passend gewählt wurde.

Die Wahl der Performance Standards teilt sich auf in Budgetziele, strategische Ziele, einen Ist-Ist Vergleich oder eine Vergleichsgruppe (Peergroup). Bei der Mehrheit der Unternehmen sind Budgetziele der Performance Standard. Hier wird als Ziel eine Jahresplankenngröße verwendet. Je nach Zielerreichungsgrad wird der Bonus ausgeschüttet. Bei der Bewertung der Performance Standard Ziele ist die Transparenz der Zielsetzung wichtig. Eine Angabe konkreter Werte, die auf langfristigen Unternehmenswert bauen, sind positiv zu bewerten (Wolff 2019, S. 262).

Die Auszahlungskurve kann begrenzt nach oben beziehungsweise unten sein. Eine Möglichkeit ist, weder einen Schwellenwert noch eine Kappungsgrenze zu definieren. Weitere Möglichkeiten sind ein Schwellenwert und/oder eine Kappungsgrenze zu definieren. Aus Mitarbeiterperspektive ist eine Auszahlung ohne Begrenzung anzustreben, da eine Kappung bei entsprechender Zielerreichung demotivierend wirken kann.

Bei der Bewertung der Auszahlungskurve und deren Schwellen- und Kappungswerten müssen jeweilige Pro- und Contra-Argumente in Betracht gezogen und für die jeweilige Situation bewertet werden, da es hier zu unterschiedlichen Meinungen kommen kann (Wolff 2019, S. 263).

Die Berücksichtigung der individuellen Leistung ist schwierig zu bemessen und zu bewerten. Am Markt existiert ein klarer Trend, Leistung als das „Was" (Ziele) und das „Wie" (Verhalten) zu definieren. Die Frage nach dem Entlohnen des Verhaltens bleibt eher eine philosophische Frage, jedoch zeigt sich im Markt, dass die Antwort aktuell noch eher „Nein" als „Ja" ist (Wolff 2019, S. 264)

Weitere Kriterien, die zusätzlich bei der Bewertung von aktienkursorientierten Vergütungssystem eine Rolle spielen, sind zum Beispiel die zeitliche Perspektive, bei der der Zeitraum der Bewertung, der Auszahlungszeitraum und die weitere Haltedauer sowie Sperrfristen bewertet werden müssen. Bei der Performance Perspektive muss bewertet werden ob die gewählte Peergroup eine gute Vergleichsgruppe ist. Bei der Ausübungshürde muss die Bandbreite der

Erfolgsziele in Betracht gezogen werden. Gibt es einen Mindestbonus, der gezahlt wird und bewegt sich die Spanne der möglichen Erfolge im Bereich von 0 - 200% (Wolff 2019).

3.3 Anreizfunktion und -kompatibilität aktienkursorientierter Entlohnung

Mit Hilfe der Implementierung langfristiger variabler Vergütungskomponenten wird das Ziel verfolgt, die Interessen von Top-Managern mit dem Wohl des Unternehmens zu harmonisieren. Langfristig orientierte Vergütungsformen zeichnen sich dadurch aus, dass mehrere Jahre zwischen der Zusage der Vergütung und der Auszahlung liegen (Bültel 2011, S. 397).

Nach Crasselt et al. (1998, S. 15) kann in börsennotierten Unternehmen als Bemessungsgrundlage neben wertorientierten Kennzahlen auch die Aktienkursentwicklung in Betracht gezogen werden.

Im ersten Teil dieser Arbeit wurde erläutert, dass aktienkursbasierte Entlohnung des Managements hinsichtlich der langfristigen variablen Anteile der Vergütung durch den DCGK empfohlen wird. In den folgenden Abschnitten sollen die für die Unternehmenspraxis relevantesten Formen der langfristig variablen Vergütung – Aktienpläne, Aktienoptionen und Wertsteigerungsrechte – ausführlicher dargestellt werden.

Im Rahmen von Aktienplänen werden den Begünstigten reelle Aktien zugesprochen. Eine Mindesthaltefrist der Aktien oder Performancehürden können bestimmte Bedingungen sein, die erfüllt werden müssen, damit die Aktien erhalten oder verkauft werden können (Kramarsch 2000, S. 130). Die Performancehürden können an operative und/oder aktienkursbasierte Zielgrößen gerichtet sein (Becker 1985, S. 129). Neben den regulären Aktien werden teilweise Belegschaftsaktien unterschieden, die die Eigenschaft haben, dass der Ausgabekurs unter dem aktuellen Marktkurs liegt. Somit bietet sich bei Veräußerung, nach Ablauf der Sperrfrist, ein größeres Gewinnpotenzial (Holtbrügge 2013, S. 206). Aufgrund der tatsächlichen Anpassung des Begünstigten an den Status des Aktionärs wird unterstellt, dass eine Interessensharmonie zwischen den Parteien erreicht wird (Arnold & Gillenkirch 2007, S. 92).

Zu einer der beliebtesten aktienorientierten Vergütungsformen in deutschen Aktiengesellschaften haben sich Aktienoptionen entwickelt (Gerum 2007, S. 152). Aktienoptionen gewähren den Begünstigten das Recht, Aktien zu einem bestimmten Zeitpunkt und festgelegten Preis zu beziehen (Winter 1998, S. 1121). Der Unterschied zwischen dem in der Aktienoption festgelegten Basispreis und dem gegebenenfalls höheren Aktienkurs zum Zeitpunkt der Ausübung führt zu dem potenziellen Gewinn (Holtbrügge 2013, S. 206f.). Dafür müssen in der Regel bestimmte Kriterien erfüllt sein (Kramarsch 2000, S. 133).

Sowohl positive als auch negative Effekte auf die Anreizfunktionen von Aktienoptionen werden diskutiert. Auf diese Weise wird Aktienoptionen zugesprochen, dass sie die Interessenskonflikte, die aufgrund verschiedener Risikoaversion entstehen, lösen können. (Rajgopal & Shevlin 2002, S. 145). Währenddessen wird ebenfalls bemerkt, dass dieser Anreiz unter Umständen auch negative Konsequenzen haben kann, beispielsweise, wenn zu gewagte Strategien eingeschlagen werden. Tendenziell weisen Unternehmen mit einem höheren Anteil an Aktien-optionen in der Managementvergütung eine große Varianz in der Unternehmensperformance auf (Sanders & Hambrick 2007, S. 1055).

Nach Becker und Kramarsch (2006, S. 49) stellen auch Wertsteigerungsrechte eine verbreitete Form der Vergütung im Top Management dar. Auch hier handelt es sich um eine an dem Aktienkurs orientierte Form der Vergütung, deren Auszahlung allerdings als Barausgleich erfolgt. Die Verhinderung von einer Aktienverwässerung gilt als Vorteil. Ein Nachteil kann eine möglicherweise starke Belastung der Personalaufwandsposition in der Gewinn- und Verlust-rechnung des Unternehmens sein. Die Anreizwirkung kann mit der Überlassung reeller Aktien verglichen werden (Elosge 2016, S. 119).

Eine große Rolle spielt das in Kapitel 3.1 erwähnte Kriterium der Pareto-effizienten Risikotei-lung für die Ermittlung anreizkompatibler Entlohnungssysteme. Es entsteht immer ein Konflikt zwischen Motivation und Risikoteilung bei der Wahl des geeigneten Belohnungssystems (Laux 2006b, S. 504). Wenn der Manager zu schwach am Unternehmen beteiligt ist und einen finan-ziellen Nachteil zu gering bewertet, kann auch bei anreizkompatiblen Systemen die Motivation, Entscheidungen im Sinne der Eigentümer zu treffen, zu schwach sein (Laux 2006b, S. 494). Daher kann es aus Sicht der Eigentümer motivationsfördernd sein, wenn der Manager über das Maß der Pareto-effizienten Risikoteilung hinaus am Unternehmen beteiligt wird. Dies kann jedoch dazu führen, dass Investitionen vermehrt am Grad des Risikos bemessen werden und für die Eigentümer nachteilige Investitionen getätigt werden (Laux 2006b, S. 494).

Auch die verschiedenen Formen langfristig variabler, aktienkursorientierter Vergütung sind nicht frei von Problemen. All diese Aspekte können auch negative Auswirkungen auf die beabsichtigte Anreizwirkung haben. Eine perfekte Vorgehensweise bei der Ausgestaltung der langfristig variablen Vergütung gibt es nicht. Allerdings kann eine zielgerichtete Vorgehens-weise, die diese Punkte berücksichtigt, Problemen vorbeugen, auch wenn diese nicht gänzlich gelöst werden können (Becker & Kramarsch 2006, S. 74f.). Lazar (2007, S. 50, 62) unterstützt diese Auffassung, denn die Entlohnung mit Aktien schützt nicht gänzlich vor Fehlanreizen und ist nicht unbedingt optimal. Dennoch kann eine auf dem Aktienkurs basierende Entlohnung zur Minderung des Agency-Problems beitragen und stellt einen validen Lösungsansatz dar.

3.4 Schwächen, Gefahren und mögliche Lösungen von ak-tienkursorientierter Vergütung

Aufbauend auf dem letzten Kapitel sollen die Schwächen, Gefahren und dazu mögliche Lö-sungen aktienkursorientierter Vergütung noch einmal kompakt dargestellt werden.

Es besteht die Gefahr, dass die Ziele, die in dem Vergütungssystems festgelegt werden, trotz der Anforderung an Langfristigkeit, zu kurzfristig sind. Gemeint ist, dass Haltedauern und Sperrfristen gut überlegt sein müssen, damit diese eine entsprechende Wirkung bei den Top-

Managern auslösen. Zusätzlich besteht die Gefahr von Windfall-Profits[2], womit Manager aufgrund günstiger Marktsituationen profitieren können, ohne eine eigene Leistung zu erbringen. Eine weitere Gefahr kann die Manipulation des Kurses sein, das heißt, dass der Manager durch externe Faktoren und Akteure Einfluss darauf nehmen kann, wie stark sich der Kurs verändert. Diese Gefahren gilt es zu beachten und sie mit Hilfe von ambitioniert gestalteten Vergütungselementen zu minimieren. Durch Langfristigkeit der Ziele kann einer Kursmanipulation entgegengewirkt werden. Windfall-Profits sind nicht kalkulierbar und müssen somit von vorneherein mit abgeschätzt und einbezogen werden (Wolff 2019, S. 262).

3.5 Anreizwirkung und Risikoverhalten von Aktienoptionen

In der Wissenschaft wird die Anreizfunktion von Aktienoption kontrovers diskutiert. Ein direkter Vorteil gegenüber einer direkten Entlohnung mit Aktien wird oft in Frage gestellt und auch Studien zeigen, dass Aktien die Anreizintensität maximieren. Es wird aber auch die Meinung vertreten, dass, unter bestimmten Bedingungen und mit Blick auf die Risikoentwicklung, Aktienoptionen Vorteile gegenüber Aktien haben können (Arnold & Gillenkirch 2007, S. 79-81).

Aktienoptionen führen durch ihre Struktur dazu, dass der Anreiz der Manager, im Vergleich zu einer Vergütung mit Aktien, erhöht wird. Liegt nach Ablauf des Performancezeitraums der Aktienkurs unter dem festgelegten Basispreis, verfällt die Option restlos und eine Auszahlung entfällt. Allerdings können Wertsteigerungen zu einem sehr viel höheren Vermögenszuwachs führen als bei reellen Aktien. Dem Vorwurf, dass Aktienoptionen kurzfristiges Denken fördern, kann entgegengewirkt werden indem eine zeitverzögerte Gewinnbeteiligung in Form von Aktienoptionsplänen erfolgt (Baums 1997, S. 6f.). Können die Optionen erst nach mehreren Jahren realisiert werden, schenkt der Manager den langfristigen Zielen des Unternehmens größere Aufmerksamkeit (Rapp et al. 2012, S. 1077).

Der Ausübungspreis der Option ist maßgeblich für die Anreizwirkung. Liegt der Basispreis über dem aktuellen Kurspreis bei Ausgabe der Option, ist die Wahrscheinlichkeit höher, dass die Option wertlos wird. Für einen risikoaversen Manager ergibt sich damit keine hohe Anreizwirkung (Hall & Murphy 2003, S. 18f.). Um einer Kursmanipulation an einem bestimmten Stichtag vorzubeugen, sollte der Basispreis einem Durchschnittswert des Aktienkurses entsprechen. Idealerweise sollte auch der Ausübungszeitraum in einem definierten Zeitfenster stattfinden müssen (Baums 1997, S. 12ff.). Eine Verbindung an einen Aktienindex kann zu einer noch effizienteren Gestaltung der Aktienoptionspläne führen, da der Manager so im Vergleich zu dem Markt und den Mitbewerbern bemessen wird (Hall & Murphy 2003, S. 17). Neben den Leistungen des Managers haben auch externe Faktoren Einfluss auf den Aktienkurs. Damit besteht die Gefahr, dass der Manager für Resultate bewertet wird, auf die er keinen Einfluss hat. Auch birgt der Ansatz des Marktvergleichs die Gefahr, dass ein Top-Manager auf diesem Markt verbleibt, weil seine Leistung im Vergleich herausragt (Baums 1997, S. 9f.). Die Hauptkritik an der Vergütung mit Optionen ist die geringere Auswirkung negativer Entwicklungen des

---

[2] „Von einem Windfall-Profit spricht man, wenn ein unvorhergesehener (...) Gewinn entsteht. Nicht durch Leistungsabgabe, sondern durch eine Veränderung der Marktlage entsteht ein plötzlicher Vermögenszuwachs." (Krämer 2018)

Unternehmens auf die Vergütung des Vorstands, die zu einer erhöhten Risikotoleranz und mangelnder Interessensharmonie führen kann. Der Anteil der Optionen an der Gesamtvergütung, die Auswahlmöglichkeiten und das zu erreichende Kursziel wirken sich ebenfalls auf die Risikobereitschaft des Managers aus (Baums 1997, S. 5f.).

Dass Vorstände ihre Vergütung nicht beeinflussen können, soll in Deutschland durch den Aufsichtsrat sichergestellt werden. Nicht selten jedoch ist es der Fall, dass Personen im Vorstand eines Unternehmens und im Aufsichtsrat eines anderen Unternehmens sind, damit entsteht die Gefahr der gegenseitigen Bereicherung. Unter anderem sollen Publikations- und Offenlegungsvorschriften des DCGK dazu beitragen diese Anreize zu minimieren (Baums 1997, S. 11f.).

4 Die Wirecard AG

Im folgenden Abschnitt sollen anhand des Vergütungsberichts der Wirecard AG beispielhaft einige vorangegangene Punkte dieser Arbeit aufgegriffen und auf die Anreizwirkung eingegangen werden, sowie eine Bewertung mit Hilfe der vorher definierten Kriterien eines Vergütungs- und Anreizsystems stattfinden.

Die Wirecard AG hat erst 2018 ihr Vergütungssystem umfassend überarbeitet, damit liegt ein aktuelles Beispiel vor, welches dazu dient zu prüfen, ob ein großes Unternehmen das im Deutschen Aktienindex gelistet ist, sich an die Empfehlungen und Anregungen des DCGK hält und somit auch Vermutungen über die allgemeine Marktpraxis zulässt.

Mithilfe eines unabhängigen, externen Vergütungsberaters wurden dabei unter anderem die aktuellen rechtlichen regulatorischen Anforderungen des Aktiengesetzes und des Deutschen Corporate Governance Kodex umgesetzt. Ziel war es, das Vergütungssystem an den langfristigen und nachhaltigen strategischen Zielsetzungen der Wirecard AG auszurichten, sowie die Interessen aller Stakeholder zu berücksichtigen und die bisherige Kapitalmarktorientierung beizubehalten. Der Aufsichtsrat der Wirecard AG beachtet, dass die Vorgaben des §87 AktG eingehalten und die Empfehlungen und Anregungen des Deutschen Corporate Governance Kodex Folge umgesetzt werden (Wirecard AG, S. 47).

Das Vergütungssystem umfasst sowohl erfolgsunabhängige Komponenten (Grundgehalt, sowie Nebenleistungen) als auch erfolgsabhängige Größen. Die erfolgsabhängigen Größen werden aufgeteilt in einjährige variable Vergütung (EVV), die sich jeweils auf ein einjähriges Performanceintervall beziehen und eine mehrjährige variable Vergütung (MVV) mit einem Performancezeitraum von drei Jahren. Circa 60% der variablen Vergütung werden langfristig bemessen, sodass im Sinne des AktG die Nachhaltigkeit gewährleistet ist (Wirecard AG, S. 48).

Die EVV der Vorstandsmitglieder (ca. 40% der erfolgsabhängigen Vergütung) wurden als Zielbonussystem konzipiert und werden bei Erfolg am Ende des Geschäftsjahres in bar ausgezahlt. In Bezug auf die EVV sind als Erfolgsziele das EBITDA Wachstum und die Aktienkursentwicklung definiert, beide gleich gewichtet. Die Laufzeit beträgt ein Jahr und die Zielerreichung liegt zwischen 0-150%. Hier liefert die Wirecard AG konkrete und transparente Zahlen sowie einen Bewertungszeitraum. Beispielsweise beträgt die Zielerreichung 100%, wenn das EBITDA um 20% gesteigert wird, die maximale Zielerreichung von 150% wird bei einer Steigerung des EBITDA von 30% erreicht. Beträgt das Wachstum weniger als 10%, entfällt die Bonuszahlung für diese Variable komplett, es ist keine Mindestzielerreichung garantiert. (Wirecard AG, S. 49).

An dieser Stelle ist mit Blick auf Kapitel 3.2 eine kritische Bewertung bezüglich der Erfolgsziele möglich, da das Vergütungssystem transparent gestaltet ist. Die Gewichtung zweier Ziele mit jeweils 50% ist ausgewogen. Die Wahl einer internen und einer externen Größe spricht für das Vergütungssystem von Wirecard. Der EBITDA dient als konkrete Kennzahl und kann nachvollzogen werden, ebenso wie der Aktienkurs. Das Ziel der Wirecard AG ist nachhaltiges und starkes Wachstum, beide Kennzahlen lassen sich in Bezug auf diese Ziele verwenden. Der Performancezeitraum von einem Jahr ist für die EVV sinnvoll, aber natürlich nicht langfristig, was auch nicht Sinn der EVV sein soll, dazu kommt die Wirecard AG im nächsten Abschnitt. Auch die Auszahlungskurve gibt Anreize in beide Richtungen. Durch die Möglichkeit eines Komplettausfalls ist davon auszugehen, dass Manager dieses Szenario auf jeden Fall vermeiden wollen und positive Anreize haben, ihre Ziele zu erreichen. Die Kappungsgrenze nach oben ist kritisch zu betrachten, da bei einer Erreichung der Ziele vor dem Ende des Bewertungszeitraum die Möglichkeit besteht, dass die Motivation der Manager nachlässt. Allerdings ist hier auch zu beachten, dass offene Auszahlungskurven ebenfalls nicht problemfrei sind und zu Fehlanreizen führen können. Je nach Zielerreichungsgrad des aktuellen Geschäftsjahres kann im Jahr 2019 über eine Erhöhung der Grenze nachgedacht werden. Individuelle Ziele werden nicht berücksichtigt.

Der größere Teil der erfolgsabhängigen Vergütung (ca. 60%) entfällt auf die MVV. Hier werden drei Kennzahlen zur Bewertung der Leistung herangezogen mit einer Gewichtung von je einem Drittel in einem Performancezeitraum von drei Jahren. Hier werden, wie bei der EVV, auch der EBITDA und die Aktienkursentwicklung verwendet, allerdings beide Veränderungen als Durchschnittswert über drei Jahre und nicht als absolute Veränderung von Jahr zu Jahr. Das dritte Bewertungskriterium misst sich an der Entwicklung des Total Shareholder Returns (TSR)[3] der Wirecard-Aktie im Vergleich zum TecDAX. Der Zielwert von 100% ist hier erreicht, wenn das durchschnittliche EBITDA Wachstum über die Laufzeit von drei Jahren um 20% steigt, der Aktienkurs im Schnitt um 15% und die TSR-Entwicklung den Durchschnitt des TecDAX um 20% übersteigt. Die Auszahlungskurve liegt auch hier zwischen 0-150%. Wie bei der EVV besteht hier auch die Möglichkeit eines kompletten Ausfalls der Auszahlung, wenn die Ziele nicht zu ihrem vorgegebenen Mindestgrad erreicht werden (Wirecard AG, S. 49f.).

Auch hier lässt sich nach Wolff (2019) zusammenfassend sagen, dass die Anreizsysteme der Wirecard AG den Kriterien größtenteils entsprechen. Kritikpunkte sind denen der EVV ähnlich. Zusätzlich muss angemerkt werden, dass der Bewertungshorizont von drei Jahren eher einer

---

[3] „Der TSR ist eine Maßzahl für die Wertentwicklung der Gesellschaft für ihre Anteilseigner und berücksichtigt sowohl die im Betrachtungszeitraum angefallenen und unterstellt reinvestierten Dividenden als auch die Aktienkursentwicklung." (Wirecard AG, S. 50)

mittelfristigen Ausrichtung entspricht als einer langfristigen. Die in Kapitel 3.4 erwähnten Aktienoptionen bieten, verbunden mit definierten Haltedauern, Sperrfristen und Ausübungsklauseln, eine gute Ergänzung, um das langfristige Handeln und Entscheiden des Managements zu fördern und so das Unternehmen auf langfristiges Wachstum auszurichten. Die vorher in dieser Arbeit erläuterten positiven Effekte der Optionen und anderer aktienkursorientierten Vergütungselemente können, im Zusammenspiel mit den vorhandenen Elementen des neuen Vergütungssystems der Wirecard AG, eine noch größere Interessensharmonie zwischen Manager (Agent) und Eigentümern (Prinzipal) herstellen und dazu beitragen, Entscheidungen im Sinne der Eigentümer und der langfristigen Ziele des Unternehmens zu treffen.

Bezug auf die Vorwürfe der Financial Times wegen Bilanzmanipulation gegenüber der Wirecard AG wird aufgrund des begrenzten Umfangs der Arbeit nicht genommen. Die Vorwürfe mit einzubeziehen und wie diese in Zusammenhang mit der Vergütung stehen könnten, wäre sicherlich interessant, da es hier möglicherweise Gründe gibt, die die Verantwortlichen dazu anreizen könnten, durch Manipulation ihre Ziele zu erreichen.

Ob Problematiken für die Anreizwirkung bestehen, lässt sich nicht feststellen. Da es zumindest im Amt des Vorstandsvorsitzenden seit 2002 keinen Personalwechsel gab, ist davon auszugehen, dass das Vergütungssystem, zumindest bis heute, in Bezug auf die dauerhafte Bindung der Mitarbeiter Erfolg hat. Wie sich das neue Vergütungsmodell bewährt, lässt sich zu diesem Zeitpunkt noch nicht sagen.

5 Zusammenfassung

In den letzten Jahren gewann die Diskussion um Corporate Governance immer mehr an Bedeutung. Sie hat unter anderem dazu geführt, dass der Rahmen der Corporate Governance und mit ihm der Rahmen der Vorstandsvergütung von nationalen und internationalen Kodizes vorgegeben wird und auf EU-Ebene überwacht wird.

Da die Vorstandsvergütung immer wieder Teil von Diskussionen im Rahmen der Corporate Governance war, war es Ziel dieser Arbeit, den Zusammenhang zwischen Corporate Governance und der Vergütung des Vorstands näher zu beleuchten sowie die Wirkung von Anreizsystemen auf Basis von variablen Vergütungssystemen auszuarbeiten. Im Fokus standen dabei der DCGK, Anreizsysteme und aktienkursorientierte Vergütung.

Um die Interessen von Vorstand und Eigentümer zu harmonisieren, bieten sich vor allem finanzielle Anreizsysteme an, die sich anhand bestimmter Eigenschaften bewerten lassen. Wenn die Bemessungsgrundlage sowie Belohnungsfunktion langfristiger Anreizsysteme richtig gestaltet sind, können diese dazu beitragen, eine Interessenkonvergenz herzustellen. Zusammenfassend gibt es keinen optimalen Weg ein Vergütungssystem zu gestalten. Langfristig kann mit Hilfe aktienkursorientierter Vergütung Manipulationsanreizen und kurzfristigem Denken entgegengewirkt werden. Die richtige Sorgfalt und Ausarbeitung der einzelnen Komponenten können dazu führen, dass Manager sich mit den langfristigen Zielen des Unternehmens identifizieren und Entscheidungen im Sinne der Eigentümer treffen.

Die Vorstandsvergütung und insbesondere richtige Unternehmensführung stehen heute immer wieder im Mittelpunkt. Viele Problemstellungen der Agency-Theorie konnten erläutert und theoretische Lösungsansätze demonstriert werden. Ein Grundrahmen für die Bewertung von Vergütungssystemen konnte dargestellt werden. Eine eindeutige Lösung für alle im Rahmen der Hausarbeit gestellten Fragen gibt es nicht.

Literaturverzeichnis

Arnold, M.C.; Gillenkirch, R.M. (2007): Leistungsanreize durch Aktien oder Optionen? Eine Diskussion des State of the Art, in: Journal of Business Economics, 77. Jg., 2007, Heft 1, S. 75–99

Arrow, K.J. (1985): The economics of agency, in: Zeckhauser, R.; Pratt, J.W., (Hrsg.): Principals and agents: the structure of business, Reed Business Education Amsterdam 1985, S. 37–51.

Baums, T. (1997): Aktienoptionen für Vorstandsmitglieder, in: Martens, K.P.; Zöllner, W.; Westermann, P.H.; Claussen, C.P., (Hrsg.): Festschrift für Carsten Peter Claussen zum 70. Geburtstag, Heymann Verlag Köln 1997, S. 3–48.

Becker, F. (1985): Anreizsysteme für Führungskräfte im strategischen Management, Eul Verlag Bergisch-Gladbach – Köln, 1985

Becker, F.; Kramarsch, M. (2006): Leistungs- und erfolgsorientierte Vergütung für Führungskräfte, Hogrefe Verlag Göttingen, 2006

Bültel, N. (2011): Starmanager: Medienprominenz, Reputation und Vergütung von Top-Managern, Gabler Verlag Wiesbaden, 2011

Crasselt, N.; Rockholtz, C.; Pellens, B. (1998): Wertorientierte Entlohnungssysteme für Führungskräfte: Anforderungen und empirische Evidenz, in: Pellens, B., (Hrsg.): Unternehmenswertorientierte Entlohnungssysteme, Schäffer-Poeschel Verlag Stuttgart 1998, S. 1–28.

Elosge, L. (2016): Vorstandsvergütung und Internationalisierung von Unternehmen: Einfluss monetärer Anreizsysteme auf Top-Management-Entscheidungen, Springer Publishing New York, 2016

Ewert, R.; Wagenhofer, A. (2014): Interne Unternehmensrechnung, Springer Publishing New York, 2014

Gerum, E. (2007): Das deutsche Corporate-Governance-System: eine empirische Untersuchung, Schäffer-Poeschel Verlag Stuttgart, 2007

Grundei, J.; Talaulicar, T. (2015): Grundlagen der Corporate Governance, in: Baumeister, A.; Schweitzer, M., (Hrsg.): Allgemeine Betriebswirtschaftslehre: Theorie und Politik des Wirtschaftens in Unternehmen, Erich Schmidt Verlag Berlin 2015, S. 95–142

Hall, B.J.; Murphy, K.J. (2003): The Trouble with Stock Options, in: Journal of Economic Perspectives, 17. Jg., 2003, Heft 3, S. 49–70

Hexel, D. (2006): Vorwort, in Böckler Stiftung, H., (Hrsg.): Vorstandsvergütung: Informationen zur Bemessung der Vorstandsvergütung durch den Aufsichtsrat, Hans Böckler Stiftung Düsseldorf 2006, S. 3-4

Holtbrügge, D. (2013): Personalmanagement, Springer Publishing New York, 2013

Hölters, W. (2011): Aktiengesetz: Kommentar, 1. Aufl., Beck Juristischer Verlag München, 2011

Jensen, M.C.; Meckling W.H. (1976): Theory of the firm: Managerial behavior, agency costs and ownership structure, in: Journal of Financial Economics, 3. Jg., 1976, Heft 4, S. 305–360

Kramarsch, M.H. (2000): Aktienbasierte Managementvergütung, Schäffer-Poeschel Verlag Stuttgart, 2000

Krämer, H. (2018): Windfall-Profit, Wiesbaden, 2018, https://wirtschaftslexikon.gabler.de/definition/windfall-profit-48481, Zugriff am 06.06.2020

Kreipl, C. (2020): Verantwortungsvolle Unternehmensführung: Corporate Governance, Compliance Management und Corporate Social Responsibility, Springer Publishing New York, 2020

Laux, H. (2006a): Unternehmensrechnung, Anreiz und Kontrolle: Die Messung, Zurechnung und Steuerung des Erfolges als Grundprobleme der Betriebswirtschaftslehre, Springer Publishing New York, 2006

Laux, H. (2006b): Wertorientierte Unternehmenssteuerung und Kapitalmarkt: Fundierung finanzwirtschaftlicher Entscheidungskriterien und (Anreize für) deren Umsetzung, Springer Publishing New York, 2006

Lazar, C.; Schwetzler, B. (2007): Managementvergütung, Corporate Governance und Unternehmensperformance: Eine Modelltheoretische und Empirische Untersuchung, Gabler Verlag Wiesbaden, 2007

Monks, R.; Minow N. (2011): Corporate Governance, 5. Aufl., Wiley Hoboken, 2011

Müller-Michaels, O. (2011): Aufsichtsrat und Deutscher Corporate Governance Kodex, in: Grundei, J.; Zaumseil, P., (Hrsg.): Der Aufsichtsrat im System der Corporate Governance: Betriebswirtschaftliche und Juristische Aspekte, Gabler Verlag Wiesbaden 2011, S. 57–73.

Rajgopal, S.; Shevlin, T.J. (2002): Empirical evidence on the relation between stock option compensation and risk taking, in: Journal of Accounting and Economics, 33. Jg., 2002, Heft 2, S. 145–171

Rapp, M.S.; Schaller, P.D.; Wolff, M. (2012): Fördern aktienkursbasierte Vergütungsinstrumente langfristig orientierte Unternehmensentscheidungen? Lehren aus der Kreditkrise, in: Zeitschrift für Betriebswirtschaft, 82. Jg., 2012, Heft 10, S. 1057–1087

Rapp, M.S.; Wolff, M. (2010): Determinanten der Vorstandsvergütung: Eine empirische Untersuchung der deutschen Prime-Standard-Unternehmen, Working Paper, No. 2010-07, Technische Universität München, 2010

Regierungskommission (2019): Deutscher Corporate Governance Kodex, Frankfurt am Main, 2019, https://dcgk.de/de/kodex.html, Zugriff am 03.06.2020

Rudolph, B.; Schäfer, K. (2010): Derivative Finanzmarktinstrumente: Eine anwendungsbezogene Einführung in Märkte, Strategien und Bewertung, Springer Publishing New York, 2010

Sanders, W.M.G.; Hambrick, D.C. (2007): Swinging for the Fences: The Effects of Ceo Stock Options on Company Risk Taking and Performance, in: Academy of Management Journal, 50. Jg., 2007, Heft 5, S. 1055–1078

Schmidt, T. (2011): Corporate Governance, Controlling und Unternehmenserfolg: Konzeptionelle Gestaltung und empirische Analyse, Peter Lang International Academic Publishers Frankfurt am Main, 2011 von Werder, A. (2018): Corporate Governance, Wiesbaden, 2018, https://wirtschaftslexi-kon.gabler.de/definition/corporate-governance-28617, Zugriff am 06.06.2020

Welge, M.; Eulerich, M. (2014): Corporate-Governance-Management: Theorie und Praxis der guten Unternehmensführung, Springer Publishing New York, 2014

Wentges, P. (2002): Corporate Governance und Stakeholder-Ansatz: Implikationen für die be-triebliche Finanzwirtschaft, Deutscher Universitätsverlag Wiesbaden, 2002

Winter, S. (1998): Zur Eignung von Aktienoptionsplänen als Motivationsinstrument für Mana-ger, in: Schmalenbachs Zeitschrift für betriebswirtschaftliche Forschung, 50. Jg., 1998, Heft 12, S. 1120–1142

Wirecard (2019): Jahresabschluss 2018, Wirecard AG, Aschheim

Wolff, M. (2019): Vorstand und Vergütungssysteme, in: Vorlesung „Unternehmensführung und Corporate Governance", Göttingen, 2019, https://studip-ecampus.uni-goettingen.de/send-file.php?type=0&file_id=e70cd980309d9b4d9caf1b0e0a02f19f&file_name=UCG+_Teil_5.3.p df, Zugriff am 04.06.2020